植物生活

ZHIWU SHENGHUO

张公善○著

诗是思想的艺术，更是生活的艺术。

百花洲文艺出版社

图书在版编目（CIP）数据

植物生活 / 张公善著 . -- 南昌 : 百花洲文艺出版社 , 2019.6
ISBN 978-7-5500-3273-6

Ⅰ . ①植… Ⅱ . ①张… Ⅲ . ①诗集－中国－当代
Ⅳ . ① I227

中国版本图书馆 CIP 数据核字 (2019) 第 115936 号

植物生活　张公善　著

选题策划　周瑟瑟
责任编辑　杨　旭
装帧设计　文人雅士
出 版 者　百花洲文艺出版社
地　　址　南昌市红谷滩新区世贸路 898 号博能中心一期 A 座 20 楼
电　　话　0791-86895108（发行热线）0791-86894717（编辑热线）
邮　　编　330038
经　　销　全国新华书店
印　　刷　廊坊市海涛印刷有限公司
开　　本　880 毫米 ×1230 毫米　1/32
印　　张　8.5
版　　次　2019 年 6 月第 1 版第 1 次印刷
字　　数　100 千字
书　　号　ISBN 978-7-5500-3273-6
定　　价　38.00 元

赣版权登字　05-2019-125

网址：http://www.bhzwy.com
图书若有印装错误，影响阅读，可向承印厂联系调换

序一

○ 张应中

张公善老师长期坚持阅读诗歌，写作诗歌，思考诗歌。2016年12月出版的《整体诗学》是他写作和思考诗歌的结晶，第一部分为诗歌理论与批评，第二部分《潜行大地》为诗集。在长期的写作思考过程中，他形成了自己的诗学观念：生活诗学和整体诗学。具体阐述可参看《整体诗学》中的诗论部分。这部《植物生活》是张公善老师的第二本诗集，诗分八辑，附录部分为微型诗论。《植物生活》与《整体诗学》一脉相承，是其诗歌生活的延伸和发展，一言以蔽之，是对存在的感悟。

有对大自然的感悟。如《大寒》：“大寒曾经是大暖/人老了天/也就越来越冷//岁月末梢/大自然用冰用雪/回馈春天//一株兰草/深居暗地/正在伺机开放”，又如《水仙之恋》：“仅仅喝水/也能如此馨雅/卓然而立//生而为人/要等多少轮回/才能成为一株水仙”，“二十四节气”“植物生活”两辑中多这方面的内容。

有对社会的感悟。如《天堂是人间的投影》：“我相信很多秘密/人类还不曾洞悉/或不能证实/为逝者烧纸燃香/很多无神论者/比谁都虔诚”，又如《遛》：“一反常态/那个女人身边多了个男人/肩并肩踱着碎步/一只小狗欢快地牵着女人/一只手机默默地读着男人”，“现实镜像”“树碑立传”两辑中多这方面的内容。

有对自我的感悟。如《个人简介》：“究竟还有没有人/从未写过个人简介/却口碑相传//人其实是一头牛/庖丁刀下/最后只剩下几根骨头”，又如《尘埃之力》：“一动不动/彻底放弃自己/献给地球/成为一粒心跳的尘埃/依附大地/一起转动/在宇宙中飞舞/一粒尘埃/也可拥有宇宙之力”，“心灵作坊”“微型小诗”两辑中多这方面的内容。

对大自然的感悟，对社会的感悟，对自我的感悟，合而言之，即对存在的感悟，对整个世界的感悟。诗人仿佛是个通灵者，物我交流，天人合一，以小我通向大我，以有限涵容无限。这是其整体诗学观念的内容层面，另一方面，其诗动用了所有的感官和心智能力，让感觉与思想，情感与理性打成一片。拿生命的整体来感悟存在，是其整体诗学观念的艺术层面，其中的佳者气韵生动，含蓄耐读。

值得一提的是诗集的附录《诗论拾穗》，体制仿戴望舒的《望舒诗论》而篇幅稍长，内容包括诗评，诗思，诗艺，可以说是对诗歌的感悟。其中多有真知灼见，独到之处亦复不少。如：“海子让我们明白，诗之生命在于有没有全面真实呈现深层次的生命体验。”“诗可能是教育的终极目标。”“让诗成为箴言，这是诗本身的荣耀。”“新诗整体水平的提高一定是思想水平的提高。”“那些只会用文字写诗的人只不过是文本诗人，那些把生活过成诗的人可称为生命诗人。”类似格言，让人豁然开朗，为之击节赞赏。

李银河在《愿生命如诗》一文中说：“写诗是容易做到的，难的是把自己的生命变成一首诗。”“除了诗意栖居这一种方式，人哪里有其他的生活方式？只有诗意栖居才是真实的存在，其他方式都像没有存在过一样。”张公善老师读诗，写诗，思诗，这实际上已经是“诗意栖居”了，尽管“诗意栖居”还有其他的方式和途径。

序 二

○ 郭传梅

张公善的第二部诗集《植物生活》收集了诗人2016年9月—2018年12月创作的诗歌，它延续了第一部诗集《潜行大地》（见《整体诗学》第二部分）的生活之思、存在之思的一贯主题以及诗、思、生活三者交融的艺术追求。《植物生活》分为八辑，分别是现实镜像、审美出游、树碑立传、二十四节气、植物生活、亲情无限、心灵作坊和微型诗选，诗人将生活凝聚为诗，又将诗回馈于生活，试图寻找自我以及时代的拯救之道。

新诗集《植物生活》对现实有很多思考。其中，有对人们积极生活态度的褒扬，如《一路歌声》中环卫工人的歌声给予“我”美好的感受，《陌生化》中“我”的问好声让“世界仿佛多了层柔美的光晕”，均属此类。不过，诗集中更多对于时代病的揭示，令人警醒。“肥沃的土地/到处改种楼房”（《心眼》），这个时代的自然生态真是荒谬得令人触目惊心，而人的精神生态竟也如此贫瘠：“图像喧闹迅速上传/制造浪漫和存在感”（《锦新三号公路》），“你看到的人可能/都有无数链接或按钮/只是很少连心”（《活在媒体时代》），“花架子遍地却无花/这就是养花人的心病”（《花架子》），乃至“我们追求的很多很多东西/真的真的不如一泡屎”（《与屎无关》），而“所有人都有尾巴”正是人最真实的处境。

张公善的诗很有意味。这与诗人独异的观察视角、别样的感受方式以及对世界清醒而深刻的认识密切相关。例如，在《拥抱》一诗中，诗人写道：“我拥抱过很多人/他们都不知道”，在拥抱并非礼仪的国度，诗人的拥抱是在心灵中发生的，具有精神的高度，相信很多人都有这样的情感体验和共鸣，但很少有人能表达出来。《情人节（二）》中有这样的诗句：“一次相遇/其实凝聚无数相遇”，“那些错过的姑娘/她们终究水月镜花/无一例外/最终变成现在的她”，读后我的感触是，每一次相遇都是命中注定的缘，无论是那些错过的姑娘，还是现在的她，一定有某些方面与“我”的生命发生过共鸣共振，说到底，寻找情人的过程也是不断地了解自我，懂得自我，追随内心的过程。有些诗表现了诗人敏锐的感觉和独特的感受，例如“当我尝试听/那些看不到的存在/渐渐出声”（《天籁》），“雪花飘扬的那一刻/情不自禁欢呼的/其实是童年的心”（《雪》）。当然，诗人也会使用陌生化的表达技巧，例如“一只小狗欢快地牵着女人/一只手机默默地读着男人”（《遛》），“其实是路在走我”（《未走过的路》等，不吝给读者以新奇、深刻的感受。

面对媒体时代人的精神迷失以及亘古以来人的存在的难题，诗人以亲情为依托，更以对心灵世界的不懈追寻为导引，拯救自己不陷入迷途。说起亲情，它成就了张公善诗歌中不少动人的篇章，自第一部诗集《潜行大地》就借母亲、老屋/父亲、故乡的树、月亮等意象来开启诗人的精神寻根之旅，但他最终面对的却仍然是失眠的乡村和无尽的忧伤，而到了第二部诗集《植物生活》中，诗人的忧伤似乎在亲情中找到了出口：“我必须专注你的牵挂/唱你未唱完的歌/和长江一起跑向海洋”。亲情的抚慰给予诗人成长的力量，而诗人建立价值根基更不可或缺对自我品质和精神的追求，也正因此，在专辑“二十四节气”、“植物生活”和“心灵作坊”中，作为自然之子的诗人，从未停止对于心灵的追问和寻找。专辑“二十四节气”形象地写出了每一节气自然界的特点以及诗人与之相关的生命体验。二十四节气串联起了一年，诗人的生命经验却向过往自如延伸，而由二十四节气所指引的生活，又何尝不是一种植物生活？故而紧接其后的专辑便是“植物生活”，

“植物”这一意象似乎象征一种精神故乡，寄托一种内心宁静而又通达世界的生活，而植物生活是静静的欣赏与聆听，是温暖的迎接与回馈，是卓然的高贵与孤独，是无言的深沉与静美，是深刻的洞察与回归，这使诗人一颗孤傲而倔强的心在面对生命的痛感体验以及苦苦超拔之后，终与世界、自我达成了和解，与此同时，也给同样在思考与寻找出路的读者带来情感共鸣和哲思启迪。“心灵作坊”一辑更是诗人对“我”的思考和寻找，“我”来自生活，指向灵魂，经历了身体里的魔鬼、存在的深渊、黑暗和孤独，“我”愿成为心灵的一盏灯或一台发电机，自我照耀，自我发电，让自己获得成长和心安，最终“开放成众人眼中的花”（《活法》）。“我”是从实际生活和自我心灵中自然流出的形象，智性而通达：“一动不动/彻底放弃自己/献给地球/成为一粒心跳的尘埃/依附大地/一起转动/在宇宙中飞舞/一粒尘埃/也可拥有宇宙之力”（《尘埃之力》）。

在张公善《大海就在身边》一诗中有这样一句：“在黑夜/在困境/在无边无际的孤独里/我看到了更蓝更广更深的大海”。人来到这个世界上，向来是在艰难地行走。幸好有诗，连接了大海、天空和人的心灵。喜欢张公善的诗，是因为诗中有认真生活的态度以及对于生活的深切的领悟。

目　录

○ 第二辑　审美出游

○ 第三辑　树碑立传

○ 第四辑　二十四节气

○ 第五辑　植物生活

○ 第六辑　亲情无限

○ 第七辑　心灵作坊

第一辑

现实镜像

XIAN SHI JING XIANG

拥抱

我们拥抱过多少人呢
在拥抱并非礼仪的国度

拥抱总会突然发生
自然而然

那些总想拥抱的人
却常常错过

我拥抱过许多人
他们都不知道

2016-9-5

心眼

我常常提醒
自己也提醒
眼神不大好的人
多长些心眼

世界已今非昔比
所见常常非所是
所是往往非所持
生活有时比小说还小说

肥沃的土地
到处改种楼房
当年放卫星
现在放火箭

我常常提醒
自己也提醒
眼神好的人
少些心眼也无妨

2016-10-7

颜值

儿子用手机
为我照了张美颜
我瞬间变身二十年前
比二十年前还帅
我盯着他
他盯着我
怔了又怔
岁月吹进心里的风霜
默默刮着
那层浮华的脸皮

2016-11-9

情人节（一）

情感发酵
泡沫飞舞
爱爱不够
恨恨不完

无数爱或恨
正在逃离
真正的生活
情人节正在杀死
真正的情人

2017－2－9

情人节（二）

我常常想起一些姑娘
想想相遇
想想现在
想想这些照耀过我的姑娘
是否也会常常想起
我现在的模样

我放电影一样闪回
一个个颇有韵味的镜头
有的让我羞愧
有的让我惭愧
更多的是欣慰

一次相遇
其实凝聚无数相遇
错过无数
命运却要对过一次

那些错过的姑娘
她们终究水月镜花

无一例外

最终变成现在的她

2018-2-14

元宵节

诗人说
我下了个元宵
在天上
你吃到了吗

信徒说
我看到了
那是上帝
每月的馈赠

商人说
那那那满月
要是黄金
该多好啊

月亮说
自作多情
我一直身不由已
残缺即命运

2017-2-12

活在媒体时代

多少好人水深火热
我们都不知道

诗人开始圆滑
迎合以疏离
只是越来越矮

其实很幸福
却总觉得别人幸福
幸福渐被晒干

色情致死
阅读致死
分神致死

你看到的人可能
都有无数链接或按钮
只是很少连心

美名总是难得

多少著名人物
被灵魂拖死

那些忽然消失的人
也许就在身边

2017-7-9

一个太空梦

诱惑闪耀
宝石蓝天堂
外星人集结来访
旋即
火速撤退

2017-7-29

一路歌声

未见其人
先闻歌声
开着小四轮
开着响亮的音乐
多次狭路相逢
他都竭力让道
这个每天清空垃圾的男人
黑黑瘦瘦
不时用胳膊或毛巾擦脸
嗓音沙哑
一双雪亮的眼睛
好像会说话
只要在家
只要听到他来
每一次我总要怔一会
在他去后
歌声迟迟不走

2017-7-30

白鲸

驯鲸师温文尔雅
腰间系着一个小包
白鲸憨态可掬
每一个动作堪称完美
每一个动作满堂喝彩
每一个动作收获一条小鱼

从大洋到小池
该经历怎样的阵痛
饥饿让目光越来越短
连歌声也被圈养起来

亚哈船长呢
莫比·迪克呢
他们的后代是否也学会
表演和谐

被一条条死小鱼打败
白鲸啊
你忘记了大海

忘记了搏击风浪吗
我看到偌大身躯
叠印无数人的倒影

2017-8-16

天堂是人间的投影

我相信很多秘密
人类还不曾洞悉
或不能证实
为逝者烧纸燃香
很多无神论者
比谁都虔诚

2017-8-19

七夕

节日已越来越多
我早已应接不暇
大街突然盲动
牛郎织女想必悲恸欲绝
两个人的节日
碎成万众狂欢

影子扛着你
人群中孤独
不停张望
不要轻易说自己是狗
人比狗自由
狗却比人忠诚

2017-8-28

花架子

为了让每一盆花都有家
爱人买来许多花架子
大的小的挂的站的
有单层有多层
甚至凉衣架也可以扮演花架
这么多的花架子
到了春天全是花
站在阳台目不暇接
总想象要是复眼该多好

搭架容易养花难
拼的是精力耐力和能力
有多少人把花养成了花盆
又有多少人只是搭搭花架子
其实并不养花
我看到过无数行走着的花架子
我看到过无数没有花的花架子
我看到过无数摆着塑料花的花架子

花架子遍地却无花

这就是养花人的心病

2017-9-9

漂亮话

每个人都可能说过
很过瘾漂亮话
就像放烟花

可以放到天上
可以印在心坎
但一着陆全成碎片

蒲公英子子孙孙
只做一件事
把种子撒满大地

2017-9-13

一生

一生很长
离开世界时
一生又好像很短
短到一篇文章
一段话
一句
一个词
甚至
默默无闻

一生很短
离开世界后
一生却重又变长
长到下一代
血脉绵延
化作元素
融入万物
乃至
天老地荒

2017-9-28

天籁

我们看得太多
却可能看到不多
当我尝试听
那些看不到的存在
渐渐出声

2017-9-3

中元

小时候特别怕鬼
走夜路一看到黑黑的
就胆颤心惊
读到鲁迅踢鬼的故事
才知道有些鬼原来是人
我更是怕鬼
走夜路总不停回头
越回头越怕
到最后总是小跑着进屋

母亲去后一到中元
我总会买些草纸冥币
虔诚地带上儿子去江边祭奠
我想象亲人和好人逝去会变成神灵
在看不到的地方守护我们
冤有头债有主
我想象冤死惨死的人会变成鬼
来人间寻找仇人

当一个人心里有鬼

就会寝食难安
不做亏心事
不怕鬼敲门
如果真有鬼存在
世界可能就少些恶人
我幻想中元之夜
让鬼出场主持正道
让恶人一个个跪地忏悔

长大后我还是怕一些鬼
我怕那些来者不善的鬼
怕那些恶鬼变身的人
也怕那些不怕鬼不敬神的人

2017-9-4

硕果仅存

柿叶
不是枫叶
一片一片落尽
柿子仍高高在上
红红着脸
仿佛做错了什么
在示众
飞来飞去的小鸟
总让人提心掉胆

2017-10-16

线索

那个用诗刊打蚊子的人
离婚了

那个拒食胎盘滋补的人
越来越强大

那个一直写情诗的人
终生为情所困

那个背叛的人
越来越佝偻

2017－11－25

雪

1.
看戏一样
盼雪看雪
雪花飘扬的那一刻
情不自禁欢呼的
其实是童年的心

2.
雪召唤小朋友
小朋友拖大朋友
冲进天堂
雪不知不觉
潜入记忆

3.
就像对所爱者
对雪的情感
会越来越复杂
美的人心醉
脾气却无法预计

道路常被封锁
只能小心翼翼
脚变成眼
一步步看过去

美越来越失去重量
真越来越沉默沉重
成群结队小鸟静坐枝头
小孩急得团团转
雪肆无忌惮

4.
雪依然让人沉迷
只需一夜
世界重新开始
皈依于一
只需一日
世界又重新开始
复归于多

5.
雪泥鸿爪
世界被一次次刷屏

大自然从不留言
人力从未妥协
较量了亿万年
有何胜利可言
彼此伤害
越来越升级

美不一定真
真不一定美
真还是美
越来越成问题

2018-1-27

封锁

暴雪外加雾霾
总想封锁这个世界
道路阻隔
行人小心翼翼
无数虫子和花儿冰冻致死

封闭仓惶
每天早起第一件事
总是抬头看看天
每天都要冒着滑倒的危险
出去遛遛自己的心

大地的胸膛
热血沸腾
春天早已呼之欲出
小鸟枝头眺望的身影
让人无限神往

2018－1－30

遛

一反常态
那个女人身边多了个男人
肩并肩踱着碎步
一只小狗欢快地牵着女人
一只手机默默地读着男人

2018-3-8

陌生化

不知何时起
熟悉的人
仿佛彼此不认识
仿佛行走的机器

发现了这个秘密
我尝试无声演练
对过路的车子说你好
对邂逅的小猫说你好
对遇见的每一个人说你好
甚至也向道旁的花草树木问好

他们都听不见
甚至看都不看我
那又是谁听见了我的声音呢
世界仿佛多了层柔美的光晕

2018-3-25

素底公民

近来一些事件刷屏
比如教师上街维权
不断冲击善良的神经
慷慨激昂
话语隔空横扫

从来不愿用诗宣泄
梦中竟写了一首
大快人心酣畅淋漓
好诗好诗
我连连自语

醒来拼命抓取
一无所获
打捞到的标题和意象
“素底公民”“鱼”
让余下的黑夜更加漫长

2018-5-31

小蓝和小黄

他们多像孩子啊
被无形的巨手抛入世界
从此命运多舛
街头巷尾荒郊野外
被人怜被人欺
被人爱被人掷

无数次看到小蓝跌倒路边
无数次看到小黄斜卧草丛
多像孩子啊
这些小蓝这些小黄
当初的美好愿景
怎么会发展成这样

那只把你们引渡的手
究竟来自天堂还是地狱
被不断复制
粘贴到地图上任何圈定的点
你们沦为一枚枚硬币的化身

一只只眼睛的猎物

他们多像孩子啊
被编排被表演
被欢呼被共享
却一直身不由已
孤独成灾忧伤遍地
他们多像我们的孩子呀

2018-6-4

眼睛

眼镜已不适合
眼睛近视的度数
仍苦苦支撑着
渐行渐远的世界

眼镜何罪之有
眼睛每况愈下
固守不合光的眼镜
乃是双重背叛

这样写诗有表达的快感
如此读诗也有理智的挑战
但却无关痛痒
又于事无补

2018-6-7

头脑

想象如猪一般生活
向死而生
毫无意识
快快乐乐挤着抢食
临终前才拼命嚎叫

猪头脑永远在猪头上
人头脑可没那么简单
有的人长着猪头脑
有的人头脑长在别人头上
有的人根本没头脑

王小波那只特立独行的猪
比有些人还像人
而同样生而为人
有些人拼命抗争猪的命运
只凭一架不停思想的大脑

2018-6-16

聊斋世界

不时被妖魔袭击
五内暴动
痛恨自己

下辈子投胎成虎
一个一个去咬死
那些吃人的鬼

2018-7-23

失落的身份证

稻田就在身旁荡漾
田埂上
田埂下
我发现失落的身份证
粘满泥土
一个又一个
惊恐东张西望
空旷绵延
我手忙脚乱
仿佛收拾一根根遗失的骨头

2018-8-6记梦

与屎无关

我们追求的很多东西
其实不如一泡屎

爱人和我都吃一惊
怎么突然粗俗如此

正如很多诗句
我善待每一句主动上门的诗

我们追求的很多很多东西
真的真的不如一泡屎

2018-9-20

偶然

工人划斑马线
无意中漏出一摊漆
竟塑型成一只鼠
一只被压死的小老鼠

安全无处不在
又无处在
老鼠死在斑马线上
时刻警醒赶路人

2018-9-28

长尾巴的人

所有人都有尾巴
只要你睁大眼睛

有的紧紧夹尾巴
一步一回头

有的生生被剪断
可春风吹又生

有的尾巴逮在别人手里
日夜提防被提起

有的尾巴长成了人
有的人长成了尾巴

没有尾巴的人
也可能没有屁股

2018-12-27

第二辑

审美出游

SHEN MEI CHU YOU

平寄广州

把自己封好
爬上一列慢车
我要把自己平寄到广州
从长江到珠江
我要亲眼看看
被快递忽略的每一个小站
听听五湖四海
朋友们啊
当我开口的时候
也请想象并接纳
从我内心飞出的所有沿途风物
以及一车闲言碎语
那是我带来的最好礼物

2016-11-17

三峡

一想起三峡
我就充满忧伤
我曾在书本激情飘流
三峡每一个险要关口

一次次想象
三叔穿越无限风光
他在我外出工作不久
突然流失三峡
再也回不了故乡

一想起三峡
我就充满忧伤
三峡堵住了所有的淤泥
三叔堵住了所有的记忆

无数次想象
从大竹顺流而下
三叔回归故里
谈笑风生

可无数次他都没回

一想起三峡
我就无限忧伤
我想起奶奶红红的眼眶
想起所有被突然中断的想象

2017-4-14

明堂山玻璃栈道

我们总喜欢贴些
没名堂的标签
玻璃栈道看透了
卑怯又勇敢的心

光明磊落
堂堂正正
眼界自会高远
脚底自然生风

2017-4-23

映山红大观园

聚集多少星星之火
才成就这一方传奇

内心的呼喊
绽满暮春的枝头

血凝成了花
花结成了血

2017-4-23

谒王步文墓

王步文：1931年3月担任中共安徽省首任书记，4月在芜湖柳春园主持会议时因叛徒出卖被捕，备受折磨，始终大义凛然，5月就义于安庆监狱，年仅33岁。大别山烈士陵园内王步文墓及其夫人墓，一大一小，一前一后，仿佛在向前来凭吊者诉说着什么。

历史从来不缺少告密者
高傲的头颅永远属于英雄

从芜湖步文亭到岳西步文墓
浩气瞬间穿越

夫妻异冢夫唱妇随
真爱不论生死

我们何等幸福却总在折腾
我们何等渺小却又自以为是

2017-4-25

锦新三号公路

台东池上乡
锦新三号道路
纵贯广袤的稻田
群山在四方站岗
白云天空游玩张望
田间劳作的农民
挥汗如雨

金城武来拍个广告
此地一夜成名
连路名也被改成伯朗大道
游客蜂拥而至
拍照的黄金地点虚位以待
排队上场
各种pose
图像喧闹迅速上传
制造存在感和浪漫

而锦新三号公路之美

有谁会心怀愧疚

2017-9-24

寂寞金字塔：东大图书馆

每天都有拍客前来
各种角度投掷
最美图书馆
击起无穷涟漪

重重金字塔
空空荡荡
掌上点灯的读者
就是活着的法老

2017-10-22

大海就在身边：海滨公园

丘陵的人来到海边
眼睛变得海大
那些海边生长的人
早已熟视无睹
崇敬那些人每天早起
去拍去画那海那日出
终年乐此不疲
让太阳引领让大海洗刷
一天又一天平淡的生活

大海就在身边
大海就在身边
总是默默无闻低调深沉
我总频频眺望
从窗口从路旁
从每一个方便的视角
把头抬一下眼睛望远一点
大海就来到身边
什么也拦遮不住大海

那蓝总在不远处溢来

在黑夜
在困境
在无边无际的孤独里
我看到了更蓝更广更深的大海

2017-11-15

未走过的路：森林公园

我喜欢走熟路
不用费脑子
路况了如指掌
其实是路在走我
一年又一年
人老了路依旧

我也常心血来潮
走未走过的路
把握好大方向
像耗子或狗一样
用眼睛到处嗅
用脚去咀嚼
常常走回头路
绕大圈
甚至铤而走险
吃尽苦头
可精神却胃口大开

生路走多了成为熟路

熟路走惯了成了生路
我们总在路上
脚却很少运动
路越来越成为工具
风景也越来越孤独

2017-12-11

台东三友

眼睛被挖
依旧睥睨天下
日夜俯视过往今生
一条鲤鱼就这样变成了山
一座山就这样成了守望者

吞日吐月兴风作浪
海滨公园之主
巨舌呼吸之间
一遍遍卷刷陌生人
眼神悠悠长长

死了仍然不愿倒下
许多大树变成枪变成炮
雕塑战斗者的姿态
森林公园三位仙女
楚楚动人水灵灵眉目传情

2018-1-14

铁花村

台东有个铁花村
只在夜晚现身
置身其中
仿佛天上街市
一排排彩灯笼
在召唤世界各地的精灵吗

好像孙悟空进天宫
我东瞅瞅西瞧瞧
不买东西
不听音乐
也非约会
我只想梦游星空
顺便涤荡一下
内心风尘

2018-3-16

游天柱山大峡谷

从峡谷之巅
一路挂下去瀑布
时隐时现姿态万千
一路追随
仿佛那些水都从胸口流出
陪着自己来到人间
山总在身后
水总在眼前
日子永远叮咚作响
高手在民间

2018-6-26

岳麓书院

前前后后左转右转
我两眼放光
尽可能扫描每一个部位

千岁老人　脊梁依旧
“实事求是”“学达性天”
只可惜被钙质重重包围

2018-8-25

北大寻梦

1.

刻在石头上的
最终成了石头

2.

未名湖畔找名人
北大校内寻北大

3.

北大！
北大。
北大……

2018-11-3

第三辑

树碑立传

SHU BEI LI ZHUAN

雕刻家

雕刻时光
塔可夫斯基
时间的敌人

时光雕刻
许许多多人
一尊尊石像

驼着风
抵抗者一刀一刀
雕刻绝望

2016-9-10

潜行者

天空的潜行者
带着明亮的尾巴
绕日独行

赤条条来去
大地的潜行者
以泥土为业

非关国家与民族
非关个人
人间潜行者
存在的探索者

2016-9-16

中山桥

中山桥的朝阳
中山桥的落日
中山桥的歌者
中山桥的摊贩
中山桥的过去和现在
再次拥上前来

最后一个国庆节
中山桥成了景点
排队照相
最后时刻
总能牵系神经
让人拼命抓取

新桥很快凌空
风景很快重现
只是换了一种存在
流淌了几千年
青弋江
越来越孤独

2016-10-1

荒诞英雄

家门口
几棵棕榈树
被挖走了
空出几个大坑
仿佛在祭奠
又像是呼唤

我曾迎面碰见一棵
已被锯成两截
圆圆的横断面
满目创伤

抵抗到毫无水分
仍巍然耸立
仍用干枯的手掌
拥抱着蓝天

熙熙攘攘
没有
一个人

想到

去浇灌

这些缺水的生命

2016-10-19

视而不见的风景

你看见了吗
枯死的棕榈
也是一条汉子
这没有
生命的生命
白天黑夜
刮风下雨
严寒酷暑
最终站成
一根根骨头
仍然挺拔向上
你看见了吗
这些没有
生命的生命

2016-10-20

固守者

收集点点薪火
在自己心房
站岗　眺望
一头沉睡的人
总有一天可能
在他者的心头醒来

2016-10-22

Egg-Man

石头之间
磕碰着生活
裂痕丛生
壳越来越硬
心越来越软

附英文翻译:

Bumping life cracks
Among the stones
Harder and harder
The shell turns
While Softer and softer
A heart burns

2017-4-11

点灯人

追逐的人啊
请停下脚步
同身边的点灯人
打声招呼吧
你所有的未来
其实都在灯里

并非曲高和寡
点灯人越来越少
无灯可点
他们点自己的心
大风中叫魂
一群不敬灯的人

2017-5-19

诗人

伪诗人到处狩猎
不停摆尾
一肚子风花雪月

生活即作诗
日夜为韵
生活家乃是真诗人

2017-5-29

杨百万小传

一个不读书的人
不守规矩
却有头脑有善心有闲情
倾心田原幽居
妻妾成群不慕权势
朋友如云
却敌不过一群土匪
杨家滩更名杨家寨
土匪就是土匪
以为赶走了人霸占了地就是胜利
其实他们的寨子还是姓杨
土匪就是土匪
终究不是长久生存之计
共产党共产党来啦
土匪旋即烟灭灰飞
杨家寨还叫杨家寨
但住的是新中国的人民
几十年青山绿水
迎来了旅游经济
杨家寨还叫杨家寨

但荡漾的却是五湖四海
杨百万又回来啦
却怎么也笑不出声
他成了石雕
他成了财神

弦外之音

有一个山民
不要钱只要田
硬让一块地成了针
狠狠扎在钞票中间

拜山为师
没事放放风听听雨
挽着小溪散散心
灵感来了
直接把诗写进大地

2017-6-18

蜡烛人

蜡烛人走了
骨头种进荒野
天上多了一颗星
匍匐者
只能看到磷火

2017-7-16

歌者促织

寒气如兵
促织心急如焚
草木一声声凋零

聆听者越来越少
听道者少之又少
促织与织无关

可能要蜕十层皮
才能成熟而活着
也不仅仅是繁衍生命

2018-9-23

暗香者

风香雨香
日香月香
鸟鸣香狗吠香
夜晚再黑也是香

此起彼伏各个角落
暗香者慷慨解囊
穿过秋天
一路撒到冬天的门槛上

2018-10-9

焚香者

常常放下手头之事
点燃一大把的时间
闻一满屋的香
练字赏花冥思听音乐

世界广漠
灰飞烟灭香味绵延
有多少生命如香呢
又能得多少香伴

2018-11-23

挺立者

这个世界只要有银杏
只要有挺拔高耸的银杏
有一类人就永远不会孤单

装束应节而变
那一笔一划的骨骼
却永远不变而且愈强愈壮

一年宣誓一次
一树一树的火
燃烧着胆怯者的心

一地一地的碎片
绝非灰烬
而是挺立者的绝决告白

2018-11-28

污者

污在手脚
可洗可泡
污在血肉
输血换魂

污在骨髓
有药难医
化成灰
殃及子孙

2018-12-23

第四辑

二十四节气

ER SHI SI JIE QI

立春

一个小娃娃
刚刚会站立
歪歪扭扭走
高举一大旗
参加大自然运动会
不远处
十二生肖
杨柳飞烟
山歌水谣

2017-2-4

雨水

雁翅扇暖
太阳褪去大地冬衣
水墨江南
就差一场雨来渲染

2017-2-18

惊蛰

沉睡的小虫子们
快醒醒
让阳光晒晒屁股
让春风摸摸头
天戏已拉开帷幕

忧伤的人啊
蛰伏多年的虫子
放空心灵
紧随春夏秋冬
倾听共鸣

2017-3-8

春分

此长彼消昼夜撕杀
黑暗终于败北
第一个公正日地球
隆重为光明加冕

明天起太阳不断赶早
率领勤劳者耕耘大地
只为将剩下的春色
种进秋天

2017-3-20

清明

风软雨酥
逝者复活
大地张灯结彩

背一壶酒出发
一路邀杯
不醉不归

2017-4-2

谷雨

绿肥红瘦
大地容光焕发
天妒英才吗
雨反而成就了春天

一路跑过来的少年
心中小树愈发葱茏
丝絮漫飞
小夏已在荫凉处张望

2017-4-19

立夏

骑着南风
那个男孩
风风火火
憧憬如弓

满园蛙鸣
击打神经蓬勃
大地急不可待
一股脑儿呈出所有激情

云在天边巡逻
万物争先恐后
唯不长进者
还做着春天的梦

2017-5-1

小满

真该去原野
让一望无际的麦浪
把都市淹没
锋芒毕露
内心可能并不充盈
成熟者一定俯首大地

2017-5-22

芒种

麦子被碾割
一棵不剩
齐刷刷麦茬仍王者风范
苟且偷生野草原形毕露

那些麦穗星落大地
正静静等侯
一场即将到来的梅雨之幕
为其招魂

2017-6-5

夏至

别了
那些风花雪月
热浪已滚滚而来
烈日雷电暴风雨
江河澎湃
汗水蒸腾
生命咆哮着一路向前
青葱少年已高大挺拔
大自然即将开启苦难之门
迎接并赐福勇敢者

2017-6-22

小暑

不是光明的象征吗
说变脸就变脸
天狗四处小便
蓝天晒出无数烈日

蝉鸣集结号
壮年目睹蔓草野长
骨头嘎嘎汗如箭雨
钻进焦虑的大地

最毒的太阳
还没放出来
后羿呢　那些流过的汗
再多也不要说多

2017-7-6

大暑

天地一炉
太阳无处不在
谁在炼丹呢

穴居者剧增
星星越来越亮
萤火虫越来越多

天道难违
炼狱之后
世界就多了骨气

2017-7-22

立秋

好像一句口号
立秋了
可老虎仍在逡巡

一把隐形刀
越伸越长
越来越凉气逼人

该降温的降温
该内敛的内敛
是做减法的时候了

2017-8-9

处暑

大自然冷热交替
错落有致
人却冷热无常
越来越娇贵

忽然一丝悲凉
无从说起
炎热曾经锻造骨骼
就这样被一场场雨浇残

从此以后
那些消逝的燃烧的日子
将以成熟者姿态挂在
一个个意想不到的枝头

2017-8-22

白露

拼尽今生之力
最后修炼
那一颗颗半熟种子
夜凉如水
一个个孩子
嗷嗷待哺

天有大雁
地有秋虫
那声嘶力竭的
必定心有所伤

忙碌了半辈子
鬓角微霜
中年沉淀时空
收割故事
顺便收藏
那一颗颗不起眼的露珠

2017-9-6

秋分

光明与黑暗
平分秋色
从今往后
黑夜将比白天多

那个携春天一路跑的人
已不再赶路
开始留恋
开始守望

2017-9-23

寒露

去暑萝卜白露菜
寒露豆子霜降麦
仿佛是契约
大地之子从来顺时而为

何时开始
总有人想赶在时间前面
秋天吃春天的菜
青年享老年的福

寒冷从露珠开始
老天上课从来不用ppt
那些被省略或错置的汗水
将以另一种面貌登场

2017-10-7

霜降

真想回到三十年前
母亲四十八
我十六
随便哪一个霜降的早晨
随便哪一片田野
只要能再陪她一起走过
那一望无际的晶莹

庇护总是从上而下
霜风夜行
一遍遍涂抹崎岖不平的大地
也一遍遍涂抹我额头和鬓角

银杏和菊花
即将引领白雪剧场
霜降之夜
有子十五
忽然想起三十年前
这是多么神奇又自然

2017-10-23

立冬

北风吹着铜号
接管丰收之后的大地
用细密的刷子刷掉
枯枝败叶
张罗着迎接澄明的到来

大地依旧葱茏
总有人视而不见
总有些草照绿
总有些树常青
所谓的荒凉又在何方

不是所有的严寒
都与北风有关
总有人在抵制穿衣
冬天的尊严
理当重新建立

2017-11-6

小雪

冬天从小雪开始

星转斗移
仙后升空
光芒高冷而慈悲

大地锁闭
严阵以待
呵护沉睡的子民

活成蚂蚁的人
为何执迷不悟
追逐一片片碎屑

从守望一场雪开始吧

2017-11-23

大雪

当银杏瘦骨嶙峋
赤裸裸挺立
大雪就快到来

那些早已光秃秃的枝头
一粒粒火种已隐约可见
寒冷也不能封锁生生不息

大雪之王端坐北方
清理荒凉
风带着小刀一遍又一遍

枯萎一扫而空
留下的
挺住意味一切

为逝去的激情招魂
银蛇狂舞
夜深处有人饮雪而歌

2017-12-6

冬至

此长彼消阴极阳生
旭日寒枝翘首鸣啼的鸟儿
是想为每天长一线剪彩吗

日子开始数着过
九九也不长久
冰天雪地终就青山碧水

蹒跚学步转眼耄耋老人
又把春天植入冬天的心里
大自然时刻编排着生命圆舞曲

2017-12-21

小寒

北风的背后
想必有家冰工厂
主人脾气暴躁
不断用鼓风机
排放寒潮

人类瑟瑟发抖
躲进厚厚的衣服
可有谁知道
逆流而上寻找曾经的家
有一种鸟已整装待发

2018-1-3

大寒

大寒曾经是大暖
人老了天
也就越来越冷

岁月末梢
大自然用冰用雪
回馈春天

一株兰草
深居暗地
正在伺机开放

2018-1-20

第五辑

植物生活

ZHI WU SHENG HUO

桂花雨

桂花又开始下雨了
终于盼来这一天
去年我托着大盆
今年又学会倒打雨伞
满小区接收并沐浴

一年一季桂花雨
落到我的盆里伞里
落到我的头上身上
落到我的杯里
最后落到我的梦里心里

桂花雨飘后
桂树瘦了一圈
桂花雨飘后
一杯杯平淡的日子
桂香四溢

2016-10-12

冰箱里的玫瑰花

静静悄悄
一朵玫瑰花
冷藏了所有秘密
十四岁生日
儿子最终赠给了冰箱
一朵巧克力玫瑰花
一朵玫瑰心
冷艳迷人
无法言说之美
黑暗里孤芳自赏

2016-11-2

阳台上的诗人

情不自禁
往阳台跑
花仙子上班去了
心还在那阳台上
一盆盆花
竟相开放
一朵一朵欣赏
一朵一朵聆听
一人一句
不许插嘴

2016-11-4

行走的花园

当阳台种满了花
养花人想到了
自己的身体
康乃馨种进心里
郁金香种进脑中
玫瑰种在头上
有名无名的花籽
撒满全身
当全身心种满了花
世界就不再荒凉吗
穿越存在养花人
把花开到了天上

2016-11-30

植物生活

开自己的花
结自己的果
让云说去吧

如果不开花
也不结果
那就跟着春秋冬夏
仰望太阳
一天天拔高吧

哪怕是灌木
也要潜行大地
根系天下

即便是草
也从不草率一生
纵被踩踏
也会擎着露珠

挺起胸膛

随风而舞

2016-12-30

水仙之恋

仅仅喝水
也能如此馨雅
卓然而立

生而为人
要等多少轮回
才能成为一株水仙

2017-2-24

玉兰之殇

一树烟花
祭奠一场绝望吗
只剩下照片
那些白色火焰
灼伤了谁

2017-3-2

邀请函

各位忙人
请本周内
前往临江桥南小公园
听报告
报告者：白玉兰团队
主题：活着
车费自理
过期不候

注：
如果你错过了梅花的报告
从今往后千万别再错过
接下来场场精彩
敬请关注春天公众号
Spring999

2017-3-6

矮牵牛

一会说话
浑身长满嘴
这里冒一句
那儿插一句
每天都笑口常开
又仿佛接力赛歌
矮又怎样
照样牛

2017-3-16

一棵树的婚礼

当你路遇
一棵开花的紫玉兰
请停止脚步
请行注目礼
直到她脸红微笑

这场春天的婚礼
已酝酿了一年
一树红蜡烛
一树紫鸽子
是迎接还是回馈

2017-3-28

天使之眼：天竺葵写意

匆忙浑浊迷离
空洞无处不在
我要到哪里找寻

天使之眼
水灵钻石一样放光
怀念每一次慌不择路

眼镜取代眼睛
近视者自惭形秽
黑夜却心明眼亮

所有美丽相逢
可能突然重现
就在身边欢唱怒放

她们洞穿
所有过去
以及所有未来

2017－5－12

征服

安徽师范大学花津校区曾有一片花海，闻名遐迩。今日路过，想一睹芳容，却已搭满脚手架念其往日之貌，今昔悬殊，刻骨铭心。

一片荒凉之地
变魔法似的
忽然一片繁华
让人脱帽致敬
是波斯菊
还是格桑花
其实并不重要
远处的高楼探头探脑
他们永远不明白
征服世界的秘密

2017-5-25

挺立的睡莲

莫奈的情人
总以为它本性闲卧水乡

当看到一个个小喇叭
另类睡莲高高挺立水面
栉风沐雨

许多不曾理解
仿佛都有了答案

2017-10-4

茶道

茶具琳琅满目
一筒筒茶叶有名有姓
生日籍贯一一标注
她用一整套茶具
每天泡茶喝
细节一个都不会省
先生常年两岸奔波
一小杯就足以安顿仆仆风尘

喝茶加点花
不一定有格调
加点枸杞
也不一定养生
绝大多数人
其实都把茶当水喝
她却把茶喝到人心
沁入美梦

泡茶也是会友
小茶壶小口杯

排排坐静静等
红茶绿茶和花茶
伸手是握手
啜饮语绵绵

从未见过如此温暖的相会
从未体验如此缠绵的品味
我是她饮过最嫩的绿茶吗
她是我记忆中最老练的普洱

2018-2-11

疙瘩

树老了
到处都是疙瘩
只顾向上生长向下扎根
疙瘩也随之成长
只是越来越干巴
越来越面目可憎
这树最硬的地方

2018-3-31

蓝雪花

把大海带到陆地
让冬天莅临夏日
孤迥之王
你打碎了多少爱慕的眼光

弱不扶风却不得不沐风栉雨
烈日越来越大朋友越来越少
涅槃之花
存在的感伤全都化成火热的欢唱

2018-8-8

第六辑

亲情无限

QIN QING WU XIAN

鸟窝·老屋

孤独摇曳
光秃秃鸟窝
触目惊心
祭奠逝去的时光

寂寞扎根
干巴巴老屋
天玄地黄
召唤远方的燕子

老屋上的鸟窝
老人
张望苍茫
放牧空虚的时间

2016-12-15

圣诞老人来我家

大约从贝贝上幼儿园开始
每年平安夜
圣诞老人都会来我家
给贝贝带来意想不到的惊喜
我也一直珍藏圣诞老人
写给贝贝的每一封信

最初贝贝总忽闪亮晶晶的大眼睛
让我细说圣诞老人的故事
枕着甜美的童话面带微笑
渴望圣诞老人从天而降
上小学时有一次圣诞节放学
贝贝气呼呼地责问
同学都说没有圣诞老人
都说圣诞老人就是老爸
你是不是在骗人

其实我知道这一天迟早要来
我一直在拖延
贝贝心中那个圣诞老人的梦
可我无法抵挡现实非梦之人

我顽固地坚守阵地
我说你心里有就有
圣诞老人一定存在
老爸还不够格
但老爸可以成为圣诞使者
毕竟全世界那么多小朋友
圣诞老人一个人忙不过来

问了几次之后
贝贝再也不问
他依然每个平安夜
把房间整理整理
静候圣诞老人的礼物
我依然每个圣诞节
收藏好圣诞老人的信

希望来我家的圣诞老人
一直守护贝贝成长
希望这个圣诞老人
还会守护贝贝的贝贝
直到天老地荒

2016-12-25

团圆歌

你捏一个团
我搓一个圆
捏一捏搓一搓
团一团圆一圆
团团圆圆过年好

我结一个团
你梦一个圆
结一结梦一梦
团一团圆一圆
团团圆圆过好年

捏一捏搓一搓
结一结梦一梦
团一团圆一圆
团团团圆圆圆
团团圆圆好过年

2017-1-28

2017植树节

故乡深埋记忆
植树节已无枝可依

爱人忙着种花
我忙着幻想

“儿童文学周刊”（公众号）
专为BABY栽培

2017-3-18

过端午

从前过端午
母亲一早坝上割艾蒿
大门头上插几条
仿佛眉毛

如今过端午
回不了故乡我就想象
父亲一早坝上割艾蒿
一刀刀割着影子和寂寥

老屋渐渐憔悴
门眉年年重描
又仿佛从未更新
只是燕子已不来筑巢

将来过端午
故乡可能瘦成一把艾蒿
被拽到城里
日日夜夜守护大门墙角

2017-6-13

努力变成母亲一样的人

并非每一个周年之日
也并非每一个母亲节
才想念母亲
母亲早已融入我的身体

曾到处寻找
寻找母亲一样的人
可以尽情把心底的石头掏出来
让她温暖的手摸一摸
可以骄傲地把心头的骄傲挂出来
让她微笑并为之自豪

每一个对母亲吼叫的人
不管多大都还没长大
每个长不大的孩子都欠母亲
无数次的道歉

母亲走了
可能就再也没人贴心在乎你
石头会越来越多

你不得不穿行其中

精神抖擞

努力变成母亲一样的人

2017-6-30

我有一棵美人树

我有一棵美人树
长着漂亮刺的美人树
开红红的花
是个万人迷
她会用刺激励我
也会用刺保卫我
当刺变成绕指柔
会把我抱醉

2017-10-30

超级导师

我的硕导满头银发
仙风道骨
我的博导一腔热忱
文化大侠
我相信自己已得到真传
也开始传道授业解惑
当起导师

可我还有一个超级导师
至今不让我毕业
我写的文章著作诗歌
他都能鸡蛋里挑骨头
让我无语

凭什么一个小学生
却能凌驾我40年读书生涯
凭什么一介工人
却能指摘博士的高头讲章
凭什么我都老了
你还要不时揪我头发

当我发现我写的那些东西
全都像倒进太平洋的垃圾
击不起多少浪花
只有一个人在岸边
不时打捞并戴起老花眼镜捡验
当我发觉那些精致的理论
并不能囊括他80年的经验
那些来自历史深处的人情世故
我情不自禁倒吸一口凉气

这个胡子拉茬的超级导师
毫无学究气
却总是挑刺
我不能同意他的批阅
我不会从他那拿到证书
可我怀念他每一次耳提面命
我也会像他一样
永远看护那盏不省油的灯

2017-12-3

打电话

不知何时起
父亲经常听不见
我们各自说着心里话
山南对海北

后来有了视频电话
我们依旧各自说着
你看看我我看看你
你笑笑我也笑笑

后来
后来父亲说以后
以后不要打电话
总是听不到铃声
总是听不见说啥
以后发微信吧

于是我们频繁微信
用汉字用各种符号
也转发各类文章和视频

有来有往顺汤顺水
交流毫无障碍

但我仍然隔三差五打电话
不停重复拨号
父亲听不听见已越来越不重要
而我也越来越在意
父亲那边传来的声音
每一次都凝神屏气
侦探着父亲独居乡下的心境

2018-3-8

最好的纪念

彷徨江边
这个母亲节
我决定把你放下正如
大地必须接受夕阳西下

思念常常袭击
某个日常瞬间
想见难见
连梦也越来越少越来越短

另一种生命你
存在我的世界我
每一次心跳都可能
带有你的微笑或忧伤

是时候将你放下
我必须专注你的牵挂
唱你未唱完的歌
和长江一起跑向海洋

2018-5-13

第七辑

心灵作坊

XIN LING ZUO FANG

梦想

许许多多的梦想
我都无法实现
那些实现我梦想的人
我总念念不忘
总想象他们就是我
开放在世界各地的梦想
我也许也是他们的一个梦想
也许每个人都对应一个梦想
许许多多的梦想
串联许许多多的人
就像串联一盏盏灯
今天亮一盏
明天亮一盏
世界就越来越亮
许许多多的梦想
我都无法实现
那又何妨

2016-10-29

拂尘笔

写的每一行字
都是一把小拂尘
写的每一本书
里面全是小拂尘
这样的书
读的时候
一把把小拂尘
飞进又飞出
眼渐明心渐亮

2016-11-20

成长

孤独的事业
深居“荒芜”的世界
只有“我”在乎自己

一点一滴的快乐
都能在眼里开花
看的见看不见的痛
都能被温暖孵化

冷风热雨
和着生活的石头
内心山峰也越来越挺拔

2016-12-11

秘密

投出一块石头
可能飞回十块
默默拾起
心口的石头
日夜浇灌
直到开花
开不了花的
用心融化
化不了的
就变成了皱纹和白发

2016-12-27

幸福

脚随梦走
把地球踏成地球仪
一幕幕上演惊心动魄

四海为家
一棵老蒲公英
默默守望

爱遍天下
心
跳成一朵朵花

2017-4-3

活法

如果抱怨能解决问题
那就一年四季唾沫横飞
一切顺心毫无抱怨
活着有什么滋味和意义

给花草泼粪
花可能更艳草更绿
只有人总关注粪臭
而忘了自身的使命

生不能决定
死不能决定
那就决定把心中的我
开放成众人眼中的花

2017-5-17

绘本王国

我想打造一个绘本王国
里面到处都是精彩的绘本
我要让这些绘本成为种子
在所有的孩子身上发芽
长出七彩童年
结出幸福晚年

我想打造一个绘本王国
里面到处都是可爱的孩子
我要让这些孩子成为种子
在所有的大人身上发芽
长出奇思妙想
结出欢声笑语

我要打造一个绘本王国
里面到处都是精彩的绘本
我要让这些绘本成为孩子
到处跑
跑到忙忙碌碌者的怀抱
跑到全世界找朋友

我要打造一个绘本王国
里面到处都是可爱的孩子
我要让这些孩子成为绘本
一天就是一页
每一页都有歌声
每一页都有看不见的飞翔

2017－7－27

诗境

恋爱写诗
如火如水

醉酒写诗
海市蜃楼

思想写诗
雪舞飞扬

2017-8-19

试验田十二行

试着做一件慢活
每天做一点
试着做些不求回报
试着做些莫名其妙
试着做些无用功
试着学水
试着走路
试着静听一切唠叨
试着捋捋爱人的白发或皱纹
试着摸摸孩子的头
试着数数星星
试着听听心跳

2017-8-27

归巢

沉寂
沉淀
直到心跳大地
万籁俱响
身体消失
意识无所不在
又无所在

2017-10-14

尘埃之力

一动不动
彻底放弃自己
献给地球
成为一粒心跳的尘埃
依附大地
一起转动
在宇宙中飞舞
一粒尘埃
也可拥有宇宙之力

2017-11-1

每个人内心都可能住着一个魔鬼

每个人内心都可能住着一个魔鬼
当它出现时不要害怕
他来其实是提醒你
站稳脚跟
深呼吸
伸出手
不要刻意驱逐
更不要想杀死
他有他的地盘
和他和解
然后
执行生命计划
一切自会运转

2017-11-2

有一种安心要多好有多好

有一种安心要多好有多好
体验到这种
要多好有多好的安心
要经历超常的跋涉
那荒芜人烟的弋壁滩
不停涌现的张大口的深渊
甚至各种死亡意象的轰炸

有一种安心要多好有多好
体验到这种
要多好有多好的安心
要有心灵的煎熬
永不停息给自己打气
把自己和世界紧紧联系
榜样那些存在的斗士
吸纳点点滴滴的火种
永远暗示太阳就在前方
无声地呼唤
唱着自己提炼的语咒
不断冲击悬空和坠落

很多人可能中途崩溃
散成撕裂的存在

坚持不一定胜利
身体不会说谎
危机是毁灭也是生机
逃离不一定是逃避
三十六计走为上计

有一种安心要多好有多好
当我试验存在的一种限度
我是一头狮子
当我写下这首诗
我是持续流淌的幸福
有一种安心要多好有多好
有一种安心要多好有多好

2018-1-5东大图书馆

让大脑成为善念磨坊

我们永远战胜不了
那些躲在暗中的刺猬
老鼠、狮子以及鳄鱼
我们不知道
它们躲在哪又何时出现

人常被想象牵引或碾压
黑夜被黑影追杀
置身光明也无济于事
灵魂的眼睛
意识就像手电筒
到处乱照
一不小心也许就照见魔鬼

我们永远战胜不了
那些来自意识暗处的想象
让它们在意识中开花结果吧
好的品尝
坏的扔掉

2018-2-7

灵魂三章

1.游魂者

一边是深渊
一边是澄明
游魂呼号着
风行刀锋边缘

2.沉淀者

诗早已被诗败了味
残酷肆无忌惮
灵魂咆哮的诗人
越沉越深

3.熬夜者

游弋存在原野
星落地球
埋头救赎之道

2018-3-1

心远弥近

大音希声
江边这群白玉兰
一直在固守什么呢

长江早已流遍全世界
身边最古老的日常
多少人视而不见

不再向往高处
心越来越远
却又仿佛从未离开

2018-3-14

抄经者

每一次看见
被展示的心经
我都想用手去摸一摸
那一颗颗一笔一划的心
也有人抄唐诗宋词
正如鲁迅抄碑
其实抄的都是心经

2018-4-2

物化

躺在沙发上
音乐浮着我
疲惫一动不动
直到与沙发融为一体
与一件件家具融为一体
与房子与整栋楼融为一体
与长江黄河融为一体
与地球与宇宙融为一体
万物一体
一起呼吸聆听
这是一个神往时刻
也是一个神来时刻

2018-4-6

绝对命令

头脑突现沼泽
意识沉陷
挣扎越来越深
此时此刻
需要一个绝对命令
横空出世提拔你
飞魂散魄重建家园
你再次大步流星

“珍爱生命”
任何时候都是绝对命令
只有活着
身体才能播种日月星辰
“积极生活”
将颓废者拽成长城
拽成马拉松拽成水滴石穿
而“感悟存在”
把小我引到大我
最终走向无我

上方宝剑

降伏紧追不舍的魔鬼

神鞭策马腾飞

上帝之光澄明生生不息

绝对命令从何而来

来自自然来自本能

来自沉睡千年万年的祖先

来自每一个生命最深处灵魂

2018－4－24

成为灯

生而为人
就得努力
抵制非人化

疼痛在所难免
身体里的杂质甚至毒素
枯枝败叶般越积越多

用思与诗点燃
让你痛的也为你加油
成为一盏行走的灯

照亮自己
点亮另外的自己
让迷途者随时随地秉灯前行

2018-5-30

画框里的老虎

画框里的老虎
竟然跳下地来
慌忙与之肉搏
被咬掉一条腿
装上假肢
到处找人对换
这是我做过的
最最羞愧的梦

2018-6-1

草圣

繁的字简化
简的字繁写
繁简有道
岁月无情
倾一生心血
在大地
草书一首绝句

2018-6-13

存在与时间

像乌龟一样守住时间
让意识暂时静止
让自己融入存在

风云变幻
舵手必须心无旁骛
暴风雨后鸟鸣更加清脆

2018-6-20

个人简介

究竟还有没有人
从未写过个人简介
却口碑相传

人其实是一头牛
庖丁刀下
最后只剩下几根骨头

2018-7-18

身体里的魔鬼

只要有黑夜
身体里就会有魔鬼
舞台无边无际
鬼把戏层出不穷
胆小者瑟瑟发抖

我曾经相信
自己是一块纯洁的泥土
散发神圣的光芒
与魔鬼照面
必须时时刻刻把心磨亮

白夜黑昼
手持照妖镜的人
风驰电掣
独自悲舞
空无一人的人群

2018-8-29

深渊无解

一直幻想洞悉一切
以抵达澄明

无数次沉陷存在之渊
探索出路

无数次落荒而逃
心有余悸

谦卑至上
无解是解

2018-9-15

初相见

星光照耀星光
我终于遇到了你
荒原不荒
世界无界
一颗星
终于找到失落的自己

2018-10-3

降落伞

飞翔者总要着陆
甚至不幸坠落
试着让重力成为动力

张开张开再张开
不断收拢八方空气
越高可能越自在

2018-10-19

剥毛豆

不知何时起
我不再讨厌剥毛豆
甚至喜欢这种单调的动作
同是生命之果
融合天地神人
于小小长长的豆荚

端坐如佛
一只只小小的船
在我的手心到岸
一粒粒豆豆从此超度
抵达才是开始
其实我也是在剥自己

2018-10-25

天窗

当发现
天窗已被揭去
就开始怀念那些
有风有雨的淡定

小屋变成
大自然的一个鸟巢
多了蝙蝠
也多了鸽哨

生活在放大镜里
细细考量可能性
风雨无阻
乐天应变

2018-11-25

黑暗之心

每个人都应该
安装一台发电机
在内心
即便不起眼的角落里
平时记着添加燃料
一点一滴
都可能决定生与死

当世界一片黑暗
无枝可依
无手可牵
又无所事事
请自已发电
让心慢慢亮堂起来
太阳也会黑夜升起

2018-12-13

第八辑

微型诗选

WEI XING SHI XUAN

蟹爪兰

张牙舞爪
甚至扭曲变形
头顶花冠
在向谁鞠躬呢

2017-1-19

Man-Arrow

命若弓
心之所向
以身射之

2017-5-13

点滴之功

点点滴滴
皆可渗透人心
只要矢志不移

2017-5-27

枕头人

抱枕入眠
心在梦里跳
头悬黑夜的边缘

2017-6-2

风景

世界越来越快
我固执地坐着慢车
喜欢朝发夕至

魏晋

酒像牛奶一样畅饮
话像溪流一样流淌
有人像风一样来往

回忆

魔法师
让快乐流泪
让汗水开花

伤痕

春天头皮屑
柳絮乱飞

教授VS先生

反讽一个人
喊ta教授
崇敬一个人
称ta先生

彼岸花

凝视　神往
请敬告家母:
家父及儿孙
一切皆好

乡村的夜晚是有神性的

祖祖辈辈的灵魂
化身一个个小精灵
呵护子子孙孙的梦

2017-8-24

财富

视金钱为粪土
浇灌贫瘠的土地
也不一定会长出花来

2017-9-3

惶恐

每当夜晚来临
找不到守护夜晚的门
流浪狗惶恐不安

2017-9-22

赌神

把赌博玩成魔术的人
也许只有自己明白
一切输赢都有代价

2016-7-25

修心

向万物乞灵
为他人祈祷
祝贺祝福

2017-9-23

活成一株莲花

历炼水深火热
方能活成一株莲花

真正的哲学家

藕行深渊
头顶莲花

我有一盏小油灯

我有一盏小油灯
不省油的小油灯
我却用它延续生命

抉择

爱生产精灵
恨召唤撒旦

动静有道

行动拥有存在
静寂融入存在

深夜狼嚎

在世界一角
几声狼嚎撕碎星空
其中一声无人听见

2017-10-27

写残酷的诗

写诗是残酷的
写诗是残酷的
当撒且撒野

2017-11-27

人体炸弹

在一个人内心埋下仇恨
就等于制造了一颗炸弹

2017–11–28

水命

舟行水上
舟可以载水
也可覆水

2017–11–29

人雪

四处飘散
人被变成雪
寒冷至极

2017－11－30

草命

枯荣在天
根连根织成被
护佑大地

2017－11－30

迷失的蚯蚓

马路上蚯蚓干成棒
我好想拾起来埋葬

狗眼

凡是跑的人
想必做贼心虚
（坏人越来镇定自若）

2017-12-3

爱

只有在爱人身边
才能像孩子一样安眠

家

有屁不敢放的家
肯定不正常

2017-12-12

箭人

一张张看不见的弓
将人弹向各自的目标

2017-12-13

圈子

无数自由电子
被圈养
忘记虚空的存在

2017-12-22

捧杀

捧别人
杀的也往往是自己

2017-12-22

语咒

吉光祥羽
收集自己的语咒
让心安宁充盈超拔

2017-12-23

手足无措

负重太久很多人
已不会空手走路

2017-12-24

梦VS现实

有些梦在梦里
却很现实
有些现实在现实
却真像梦

2018−1−31

黑暗

一只小蚊子
也能搅得天翻地覆

2017−12−27

再次混沌

年龄越大
是非越模糊
圆滑还是圆融
相关命运

2018-2-20

召唤（一）

万物各美其美
各是所是
召唤存在

2018-2-22

人丹

人是一味药

备受煎熬者

历久弥香

2018-2-25

长江

说了几千年故事

主题一再重复

岸上的人早已审美疲劳

2018-3-13

仰望

白玉兰寸步不移
却让人终生靠近

2018-3-14

缘

所有错过
不是错过
因为因为
终于相逢

2017-8-5

怀念巴金

从未喜欢
可又从未如此
深深怀念

2018－3－17

触须人

不断犯错
手脚无辜
触须无形
却总在探路

2018－3－21

人间悲剧

遍地嘴巴
满世界飞
手脚支离破碎

2018-4-11

纸氏

那些纸上人生
不过一道菜
时空过滤浓缩
味道总被品尝一半

2018-4-20

无明尽

花开花落
云卷云舒
妄图释解一切
人类越来越迷糊

2018-5-7

心理阈限

存在之深渊
不断被意识探测
心痛苦结痂
以等闲视之

2018-5-15

乌龟人

把头缩进肚子里
任浊流拍打
守护自己的心跳
在时空之外

2018-5-21

牛角

钻牛角尖的人
心越来越小

2018-6-19

存在感VS实存

存在感追逐的人
越来越臃肿
追求实存的人
深居简出

2018-7-16

骨头

鲜肉占尽风光
可历史收藏的都是骨头

2018-7-18

召唤（二）

早晨被一池荷花唤醒
午休被一杯绿茶唤醒
夜晚被一句灵感唤醒
还有多少召唤没被倾听

2018-7-24

读史

风花雪月
文人之殇

2018-7-25

虎山

梦见一座山
闪闪发光现虎形
爪中有珠通明

2018-7-30

打坐

打坐于时空之中
打坐于时空之外
一个我悄悄离去
一个我悄悄盛开

2018-8-11

心魔

蛇抱团
镇静是塔

2018-8-15

鼠辈之殇

地板伸鼠头
我一一拍碎
没有一丝反抗
梦醒愧叹不已

2018-8-16

镜子的使命

爱美者爱煞形象
修心者修剪行为

2018-8-16

孩童的眼睛

不敢直视
怕见魔鬼

2018-8-30

王道

世人皆醉你独醒
世人皆浊你独清

2018-9-15

忙盲

人闲桂花落
忙时睁眼盲

2018-9-16

林中笼

一只鸟笼
高高在上
一只小鸟
笼中独唱

2018－9－20

惊鸿一瞥

江边草地
一束束彼岸花
一个个红精灵
为谁跳大神

2018－9－27

较量

人与人较量
终是人品对决

2018-9-28

好故事

望洋兴叹
好人生就是好故事
好故事孕育好人生

2018-9-30

心坎

你和我之间
有一道过不去的坎
名叫手机

2018-10-7

景行

风景从来都在
欣赏者常常缺席

2018-10-17

灵光

所有的书是一本书
所有的人也是一个人

2018-10-18

风情

一排正开的桂花树忽然被砍
一池秋荷叶被清除一株不剩

2018-10-2

阴影

身心内外
只要有光
就会有阴影

2018-10-29

圆明园

被夸饰的平庸永远平庸
遭摧毁的辉煌依然辉煌

2018-11-3

影子VS尾巴

影子笑尾巴多余
尾巴骂影子傀儡

2018-12-28

附：诗论拾穗

1. 细节之美：微评《盖端 · 斯奈德诗选》

整本中只有极少是我喜欢的那种诗与思亲密无间的诗篇。但却不能不说，诗人的伟大之处恰恰在于呈现日常生活琐屑细节的魅力。诗人真如一尊大佛，欣赏人世间的一切。大智若愚之人之玩味万象之诗也。

2014-4-27

2. 梦想很难却值得：微评戴望舒《寻梦者》

这首诗反映了三层含义：一是梦想并不是很容易就能找到，二是找到梦想后又不是很容易就能实现，三是人生因为有梦想以及梦想的追求而充实。

2014-9-14

3. 通透之书，羽翼人生：微评周梦蝶

境界高深皆因佛道禅意。入手处却都是寻常之象。最重要的诗不是文字写成，而是日常言行举止缀连而

就。其人其诗，都可静净人心。失之交臂，可能因缘不够。一旦相遇，也许就是终生。

2015-6-7

4. 暖男暖诗：微评台湾诗人向明

这本向明世纪诗选《外面的风很冷》可谓暖心之作。按时下话语，向明便是暖男。向明的诗是所有故弄玄虚者的照妖镜，不要什么理论，不要什么主义，点点滴滴全是生活酿造。化忧伤为阳光，化喧哗为低调，化浮躁为坚守。如果开放一些，是否会更丰蕴？但那就不是向明了。

2015-6-22

5. 深夜读穆旦：

我总觉得当下世界无关痛痒之人之文已泛滥成灾。其实世界一直如此。读完两大本《穆旦诗文集》，了却了一个心愿，即读完穆旦创作的所有作品。穆旦其人其诗其文并没有我想象中的那么高大上，但却更让人敬仰了。穆旦一直在抵制无关痛痒啊！穆旦之后，诗人何为？愿所有写诗的人深思。

2016-2-6

6. 穆旦穆旦：

穆旦是对我产生重要影响的几位中国诗人之一。再读穆旦诗，仍禁不住感叹，多好的诗啊，却没有被很好继承，相反却有很多人批评其很少中国元素。多么荒唐啊！穆旦的诗深深扎根在中国的现实大地上，却又境界高远情思广袤。我们有太多的诗人醉死在文人趣味中。读读穆旦吧，让灵魂渐渐抬头，做个清醒的人吧！

2016-11-5

7. 反自杀：

一次现代主义文学国际研讨会上，我说及海子之死背叛了其生命诗学。不止一人回应否认，都认为海子之死是一首诗。此种说法颇有诱惑，值得警惕。海子之死是复杂的，多重因素导致。诗化死亡遮蔽了海子内心的各种冲突。和加缪一样，我是坚定的反自杀论者！我抗争故我在，自杀即弃绝。

2013-12-8

8. 关于诗歌有一种诉说是忧伤：

我们有那么多古诗专家，却不会作古诗。我们学习了那么多年古诗，却没人教如何写古诗。我们有那么多诗歌研究者，却只说不作。我们有那么多文学院学生，写诗寥寥无几。诗歌衰落由来已久，诗歌精神已随物逝。还说什么呢？那么多的诗人已是非人。还有那么多的诗人在画地为牢。诗人永远是先锋，但不是名利的先锋，而应是艺术精神与人格魅力的先锋。写出来的可能是诗，跑出来的可能是屎，只有伤口流出来的才是血。

2014－8－17

9. 诗人何为：

诗之生命绝非借助对生命哲理软语般的呢喃而得以流传，也绝非因权威一时宣扬而超越时空。海子让我们明白，诗之生命在于有没有全面真实呈现深层次的生命体验。一个早已淡出的人，汪国真，突然因去世而复活。让我怀念的并不是他的诗，而是他的诗引发的青春回忆。那本我走街串巷买来的诗集如今不知流落何方。当初连带赠送的那一页页上我的目光，也随风而逝。清算他对诗歌带来的负面影响如今似乎有些不得人心也好像有些不地道。至少，在我刚对诗痴迷时，他一度挡住了我探寻的目光。直到很久之后，我才开始明白：诗其实不是写出来的，诗是忧伤的心跳出的音符。并非只有写诗的人才叫诗人，谁能否认李奥尼绘本中的田鼠阿佛是位真正的诗人呢？！

2015－4－27

10. 诗歌与教育：

教育的功利性使得学生疏于诗歌创作，这可能是如今诗歌不兴的一大原因。其实诗可能是教育的终极目标。在高考中作文设立一项小作文，诗歌写作，情况会如何呢？许多人会认为评价困难。但目前来看，可能是复兴诗歌的最有力推手。

2016-1-31

11. 兴观群怨思：

有一个历来争议的话题，即诗意的明白与朦胧。我以前总站在朦胧一方，坚持诗歌的语意张力，但我越来越倾向在保持张力的同时，也把诗意定格下来。之所以如此，在于我越来越越相信诗更重要的不仅是让人玩味，而是把一种生活信念明确传达出来给人方向与力量。尤其是快节奏的微时代。这是一种来自诗人个体生活体验的信念，它是前进的动力。信念是诗人所思的结晶。它是风帆，指引方向。它是火药，炸毁障碍。让诗成为箴言，这是诗本身的荣耀。诗的归宿是生活实践，而信念则是生活实践的先锋。自古以来中国诗歌缺乏思的传统。兴观群怨说没有给思足够空间。虽然海德格尔说诗就是思思就是诗有些极端，但思可以成为诗不容置疑，因为人之为之的根本即思。由此，至少有五种诗：兴观群怨思。当下诗坛，已显示出全面疏离诗歌传统倾向。兴发情操变成风花雪月，观察人世得失沦为顽弄个人趣味，群集切磋和而不同流为画地为牢党同伐异，怨刺上政堕为发泄调侃。而那些存在之思则更少人问津！没有思想的诗再多美饰，也只是一具没有灵魂的木乃伊！

2017-5-31

12. 宣传与宣泄：

宣传和宣泄功能从来都是艺术固有的功能，虽备受争议和歧视，但从未被打倒，因为从来就不存在没有创作动机的艺术。所以问题不是该不该宣传和宣泄，而是如何宣传和宣泄，以及宣传和宣泄什么。诗人其实就在宣传与宣泄之间盘桓。宣传主流意识形态往往让诗成为政治传声筒而饱受诟病。尽管如此，自古以来从来不缺少歌功颂德者，这是一群思想被豢养的人。诗言志其实是宣传个人的思想和志向，而诗缘情其实是宣泄个人的情绪和情感，如果求真向善爱美，如果形象节制有余韵（气韵生动），则是不错的诗歌之道。一句话，我们理应把儒家文以载道说中的“道”拓展为更为普遍的宇宙和生活之道，如此我们所宣泄的情感也必将超拔于世。

2017-6-1

13. 油腔色调：微评冯唐诗歌

百首诗成集，一半是空白。冯唐的诗，自有人爱。最大反感在于没有童心，过于世故。诗没有了美，却充满色欲与粗俗，诗意往往无端被糟踏，让人情何以堪。其次是缺乏高远境界和深厚情怀，不能拔高人，也不能深化人，却总想邀人一起体验欲望。诗写什么都可以，就是不能粗俗滥情，不能对人（尤其是女人）不敬。追捧这些诗的人，是在追捧什么呢？人生可能永远大于性与情。

2015-6-11

14. 灵魂写生：

诗人不仅仅要描绘大千世界的物象，将之转化为意象，所谓以我观物。诗人也可以将自己视作镜子，单纯观照人间万象，此所谓以物观物。诗人还可以更进一步进行灵魂写生，人与万物的元素一起搅拌然后重新塑形。我希望自己能成为这个时代的一个灵魂写生者，因为人类社会从来就没有像现代社会这样滋生如此之多被压抑被扭曲被淘汰被漠视的灵魂。

2017-6-3

15. 无“我”之诗：

任何艺术都是从特殊中见普遍。写诗的人一开始可能每首诗都离不开“我”。这是有我阶段，充满强烈的自我意识，一切都打上了我的烙印，但只是小我。“我”总有一天会走向你他她它，进入无我阶段，或者叫大我阶段。2013年我写了一首短诗《我》：“你//他/她//它”。“我”融入一个个更大的整体，我便更加自由完整。诗歌由此产生质变，诗歌中“我”字越来越少甚至没有，但我又无处不在。当我发现这个秘密时，我已写了二十五年的诗。话虽如此，诗有“我”无“我”又不可强求，一切都水到渠成。

2017-6-6

16. 把断言改为问句：

写诗的人总是很主观，既是优点也是缺点。唯主观才能表达独特的内心体验。但主观有时又有独断之嫌。解决这个矛盾可以适当用问句。问句往往包含两个或多个方向，读者各自发挥。这样既克服了独断，又增加了张力，何乐而不为呢？比如我有首《玉兰　玉兰》的诗，末尾一节就是个问句：“在说什么呢/这一年一度的开场白”。有时候不便断言时，也可以用问句引发读者去下断言。比如我有首反思人类历史的短诗《帷幕》：“浩浩荡荡气势恢宏/以人为词的宏大叙事/遮蔽了什么。”

2017-6-12

17. 玄虚：

玄虚其实是自然抵制人类的一大法宝，即不让人类看透一切。玄虚是大自然的秘密和魅力。在这个意义上，诗中暗藏玄虚也是合自然之道。这就是无数伟大诗人所道说和追求的诗中的神秘元素。然而诗坛却流行故弄玄虚之病。要弄技巧，故作高深，意象纷呈却混乱不堪，无法形成一个整体。打个比方，好比心神涣散之人满口胡言乱语。一般来说，年轻人思想活跃激情饱满，却又常常苦于无法找到恰切表达，诗歌时有玄虚倾向可以理解，也应原谅。因为随着时间流逝，写着写着诗就越来越天然去雕饰了。大巧若拙，至味无味。然而那些老大不小的诗人们，甚至是所谓的著名诗人，也用思想的雾霾来迷惑读者，实在让人痛心疾首。凡没有神聚的让人摸不着头脑的意象群，皆属故弄玄虚，可视之为诗屎。

2017-6-27

18. 让内心少些石头：

很多很多时候，我都觉得写诗是犯罪。因为很多时候诗无法或畏惧呈现真理，诗成了现实的“影子的影子”。面对现实，诗毫无作为，只能隔靴搔痒。面对现实，更多的诗只能王顾左右而言他，言的最多的是风花雪月。许许多多的石头在乱飞。在特朗斯特罗姆所呈现的非诗意的世界里，无数诗人在打水漂，然后到处找人观评。孤独早已不再孤独。忧伤成疾无药可医时，诗人只想让自己的内心少些石头。那些消失的石头就变成了一首首诗。

2017-7-2

19. 无声处倾听：微评多多

多多可能是中国当代最让人难以理解的诗人之一。这本诗集《诺言》荟萃多多1972-2012年的诗歌佳作。乍一看，那些冷峻奇谲的意象纷至沓来，经常让人眉头直皱，丈二和尚摸不着头脑。这和我们读普拉斯何其相似。高冷与温暖，压抑与挣扎，光明与黑暗，并非同等比例地共存。温情却总很吝啬，一旦有就让人不能自拔。更多的是警醒，穿透死亡和噩梦的无声空白。很少有诗人几十年如一日保持这种高贵而厚重的风格，拒绝妥协与庸俗，在不被理解中坚守岗位，精心打造诗歌之雷。在风花雪月盛行的诗坛，多多是一盏灯，照亮并温暖着那些在黑夜里潜行以探索真理与光明的诗人！

2017-7-4

20. 文才大于诗才：

对西川的敬意源于其对海子诗歌全集的整理出版。看完《我和我：西川集1985-2012》后，觉得西川的诗歌和海子的诗歌真的不可同日而语！总体上西川诗歌给人一种理性却又带点玄虚的味道，隐藏的东西非要说得让人觉得有些烦或莫名其妙，有时略有面目可憎之感。不少诗亦诗亦文，颠覆了现代汉诗的一些阅读视野。西川一开始就对自己的诗颇有自信，22岁写的长诗《雨季》就把自己写了进去，希望有人读并洞悉其中的智慧："你要读西川的诗，因为/他的诗是智慧的诗。"但回头全面审视一下，西川之诗远不及其文，尤其是那些文化随笔，有滋有味视界宽广见解独到，比如对现代语与古汉语及外来语言的复杂关系及对虚假的文化记忆的剖析，读来引人深思。不能否认他的诗是有智慧，但不是每首，有些诗有故作玄虚之嫌，恕我直言。

2017-7-8

21. 追求失败的诗人：

诗人张枣说："写作就是一件无用的事，是浪费生命、青春年华的颓废行为……就是追求失败。"个人认为张枣说了一句伟大的话，但可能只对了一半。写作肯定也有用，其有用应该在于影响生活。张枣有诗才，却对诗极其吝啬，又英年早逝，生前只出版了仅63首诗的《春秋来信》。他像尼采一样尽情挥霍生命，但却没能像尼采那样留下那么多的思想炸药。大家都在意成功，还有谁去追求失败呢？张枣开了个头，可惜半途而废。真正的诗人不仅是诗人，更是真正生活着的人。只顾追求写作，就注定失败！而只顾追求生活，即便是诗化的生活，对写作者来说也是注定失败。张枣追求的可能是后一种失败。不能不说张枣是一个有悲剧意识的人！

2017-7-22

22. 诗歌与扯淡：

常常想到这个话题，也有些诚惶诚恐，担心自己的诗存在扯淡。何谓扯淡？目前公认两大本质为：对真相的漠视，不可澄清的模糊性。前者主要涉及日常生活中的言论，后者则关注学术成果。如果以这两点来看诗歌，很多诗歌都可能在扯淡。这样说也许得罪人，但的确应该引起诗人注意。这是其一。其二，我并不认为那两条扯淡标准全都适用于艺术。因为艺术有其独特的真。“白发三千丈”，有扯淡之嫌，但与“缘愁似个长”放在一起就不能说是扯淡了。因为它极其形象地表达出忧愁之深广无尽之痛。诗人不写现实真相是个人选择，无可厚非。但如果牵涉真相时，却又扭曲漠视，王顾左右而言他，那就有扯淡嫌疑了。诗写真相可能不是揭皮，而是隐藏。通过欲盖弥彰之法把真相囚禁在诗中，让明眼人一看就知道。大家不妨去看看黄翔《野兽》是如何写动乱时代的真相的。

2017-7-26

23. 诗与梦：

让·保尔·里克特说：“梦是一种无意识的诗。”柯勒律治说：“诗是理性化的梦”，诗“将人的各种能力尽可能调动起来，并且比例得当、和谐共处”。其实柯勒律治强调的也就是特朗斯特罗姆所强调的诗的整体性。然而一个诗人要想每首诗都能做到符合整体性，那是不可能的。我们看到诗绝大部分要么过于理性化，要么过于梦化。道理每个诗人都懂，可总是不能圆满。诗人就活在协调理性与梦的焦虑中。

2017-9-5

24. 封笔的诗人：

台湾诗人杨唤不满25岁就不幸英年早逝。生前有一次封笔，可惜老天没给他机会重新好好写诗。杨唤当时不但自己停笔写诗，还告诫友人也不要写诗，他的解释是：“当诗的赋有‘魔性’的花朵在笔尖下绽开了的时候，你将必须‘输血’来灌溉它，以‘肉’来培植它，结果你的灵魂将迷失于空想之美的境界里。而你的躯体呢？则被无情的交给现实的鞭笞和荆棘，这痛苦是难于想像的。”（林文宝《杨唤与儿童文学》P47）这段话很有意味。的确，当诗让人着魔之时，诗人会盲视现实，结果会招致现实打击。因此奉劝那些对诗痴迷着魔的人适当地封封笔，无论对自己对朋友还是对诗坛，都会是好事！诗人封笔是为了走向更高的阶梯。当封笔成为炼狱，那便是诗人真正成熟的前兆。

2017-10-20

25. 镶金于石：

看《他们在岛屿写作》系列电影之周梦蝶篇时，发现了一个很有玩味的现象。周公说，有时候得到一行很精彩的诗句，不发展成一首诗就太可惜了，于是就拼命去想着怎样含纳这句于一首完整的诗。有时候放在第一句，有时放在中间，有时放在末句。这种为安置一句精彩诗行的努力肯定不轻松，以致于周公笑着说“真不是人干的”。我也有同样的经历，但并不都给一句诗找家，更多的是为一个创意的思想找家，而且经常失败告终。相对于那种“点石成金”的创作，我们或许可以“镶金于石”来称为一句精彩诗行或一种妙思找到归宿的创作。

2017-12-23

26. 分裂的诗者：

我们对诗人理应有更高的要求。诗是艺术之魂。很多诗写得很好的人却有着恶劣的行迹，人们沉醉于其诗的魅力的同时盲视或不知其行为之恶。并非要求全责备。人无完人，犯错后忏悔并救赎往往更见其存在的勇气。我把那些诗品与人品不协调的写诗的人叫做诗者。真正的诗人是把生命活成一首诗的人，个人认为周梦蝶可作典范。

2018-1-2

27. 见证与审判：

米沃什《诗的见证》主要讲的是诗应该成为人类苦难历史的见证者。他对诗的定义是“对真实的热情追求”。真实总在假象背后。很多现象其实是帷幕。只有时空的距离才能让我们真正找到合适的意象，不粘滞不疏离。不粘滞才能保持反省距离，不疏离才会直击核心。米沃什似乎忽略了诗也是诗人个人灵魂苦难的见证者，他也忽略了诗作为见证者其实也是审判者。一个伟大的诗人通过诗歌不仅见证和审判历史的非人性，也同时见证和审判个人灵魂中的混浊。

2018-1-25

28. 诗人之殇：

微信复兴了诗歌。每时每刻都可以发现新作问世。我不喜欢那些不写诗的诗评家们高谈阔论，不喜欢那些编诗的人以一已之好打击别人，也不喜欢诗人们互相高调吹捧。可世界就是这样，你不喜欢，你又必须直面其存在，因为别人可能也正暗中讨厌你甚至早已拉黑你。我们这个时代的诗人最大的悲哀可能就是，太自以为是。什么时候，诗人们能真正摘掉面具和有色眼镜，潜心于阿诺德所说的“美好与光明”，我们才可能写出真正优秀的诗。在此，诗不是达到一已之目的的手段，诗仅仅是抵达人性理想境界的手段。我们的目的不是写诗，更不是不择手段地发表诗，而是更加美好更加光明的文化。

2018-1-28

29. 风马牛融合可成诗：

诗人都是意象转化的高手。他们具备一种特殊本领，即把一些风马牛不相及的事物或意象，通过一种内心独特的情感和思想的传送带，融合成韵味十足的诗句。海子一句“我们把在黑暗中跳舞的心脏叫做月亮”就曾让我膜拜不已。面对这样的高明意象，唯有拍案叫绝！

2018-3-23

30. 嫁接意象：

陌生化是诗人的命运。意象与意象之间的关系如电影镜头与镜头之间的关系。把一个意象嫁接到另一个意象就有点像电影剪辑中的叠。我曾沾沾自喜写了egg-man这个意象。近来突然发现甲壳虫乐队有首歌中就有这个词。看来人心对世界的体验往往会有英雄所见略同之感。什克洛夫斯基说得好，词不独立存在，“词生活在世界上”，“它们来自深处，似乎是连根拔下，带着他们在其中生活和冲突的思想之林的茎块”。诗人创造的意象也是如此，都来自生活的整体，来自个人对生活的深刻体验，但它们只活在共鸣者的心里。

2018-3-24

31. 好好生活是最美的诗：

讲海子诗歌那次课下，有位同学来到讲台对我说，老师，我不能写诗了，写诗会让大脑思想太复杂，好恐怖好恐怖！这位同学的话让我久久不能平静。海德格尔认为诗最纯洁也最冒险。他是在存在论的基础上这样说的。做一个诗人注定要伤痕累累吗？圣徒性可能只是诗人品格中的一种。拥有圣徒性的诗人愿意为外在世界的美好而放弃安逸，甚至不惜把自己视为他内心祭坛上的牺牲。这意味着潜行存在的深渊，体验各种可能性，甚至冒险与魔鬼顽强抗争，收集火种，积极撒播光明。在此意义上那些刻意牺牲生命的诗人是失败的诗人，是半途而废的诗人！好诗理应让人好好地活。好诗人的生活理应也成为他们的作品，理应让看到这些作品的人关爱生命积极生活感悟存在。

2018-3-27

32. 隐藏关键词：

我喜欢那些把关键词隐藏起来的诗歌。因为在我看来，一首诗的关键词最好是暗示给读者，而不是赤裸裸地展示。汪国真最让我反感的就是这种透底式的展示。其实哲理作为思想也是一种诗，如果能影响读者也可能会产生积极的行动。哲理大都正能量，写的太多甚至成为个人写作模式，就有些单薄，缺乏痛感体验，缺少兰色姆所谓的“肌质”，进而让人审美疲劳。中国古人崇高气韵生动，就是要让读者沉浸艺术世界慢慢体悟其中所蕴含的思想情感。

2018-3-31

33. 诗让生活美妙：

生活会变得让人期待，再难挨也值得忍受，如果每一天所期待者都有可能出现的话。对我来说，生活会因为一首诗，甚至一点诗意灵感的到来，而将那一天变成节日。可我又不知道诗（意）会出现在哪一天，在什么时候？一想到这种不确定性和可能性，生活就顿然变得美妙起来。为此，我常常把自己整个人变成敏感的接收器，游弋于存在的原野，捕捉着来自外在和内在世界的一切有价值的信号。尽管总是一无所获，但仍乐此不疲，因为放牧感觉比刻意找诗也许更重要！

2018-4-4

34. 被圈养的诗人：

山中小花即便没人欣赏也自会绚烂奔放，它们只为自己而开。诗人遍布全球，在各自的角落开放。为人瞩目的可能只是大海里的几滴水。这些诗人点亮了各自的天空，让所有靠近的人感觉到光芒。诗人一旦被圈养便不再是诗人。互相吹捧，过度解读，被动转发，严重败坏了诗歌的纯粹性。诗不是死写出来的，诗人也不是硬造出来的。想要成为诗人，就应该永远走在大道上，从不懈怠于修炼诗心。歪门邪道永远成不了大气候！

2018-4-12

35. 诗的可解读性：

为什么一首诗往往被无穷无尽地解读？因为一首真正的好诗是思想和情感的结晶体。或者说好诗必备可解读性。但这也为过度解读留下了空间。客观地说，一首诗的可解读性有大有小。凡是主观任性地夸大甚至歪曲一首诗的可解读性便是过度解读。过度解读可谓双重残酷，是对诗和诗人的双重不敬。

2018-4-13

36. 文本诗人VS生命诗人：

诗人绝不仅仅是写诗的人。诗人是拥有诗心的人。写诗的人可能是伪诗人，不写诗的人也可能是真诗人。那些胸怀纯真、认真生活并践行大道的人都是诗人，无论他们写不写诗。朱光潜说，过一世生活好比做一篇文章。那些只会用文字写诗的人只不过是文本诗人，那些把生活过成诗的人可称为生命诗人。

2018-4-15

37. 诗人素描：

有诗人为发表而活，存在感来自于诗歌被发表被转载被评点，甚至不择手段。也有诗人为诗而活，为良心而写，对未来负责，写好一首诗比什么都重要。也有诗人，一年一行，一生只写一首诗。第一类诗人是孔雀，第二类诗人是苍鹰，第三类诗人是鲲鹏，浮游天地之间。孔雀群集，苍鹰孤飞，鲲鹏绝迹。

2018-4-25

38. 被色欲化的爱情诗：

爱情是最为古老的主题之一，也属于最安全主题之列。但不能不说，爱情诗当今已泛滥成灾。打动人的往往不是爱情，而是一种冲击感官的灵动表达，而且又充满色欲的狂欢，读起来过瘾，读罢却没啥回味。爱情之精神维度严重缺席，而物欲维度又极其膨胀。这样说可能打倒一大片，有泛泛而谈之嫌。事实如何，明眼人不妨随便浏览一些爱情诗便可管中窥豹。

2018-5-16

39. 诗也是思的见证者：

思想越来被忽视、被嘲笑甚至被禁锢。思即人对宇宙人生的道说和说道。道说意味着思的表达方式，说道强调思的表达结果。中国自古有诗言志，后又有诗缘情之说。其中志与情都非思，因其志与情多在个体的心志与情感。到宋代方有思之诗。然而饱经理学浸染的宋诗从未引起后世足够重视，却反以其过于理性而不齿。在我看来，中国最好的诗不是唐诗不是宋词，而是《老子》。中国不乏深思之人，但一直缺乏深思之诗。

2018-8-11

40. 好诗也要孬诗扶：

翻看过去写的诗，满意者不过三分之一，而可以称为形神兼备的好诗百无一二。这一发现一开始让我沮丧万分，可不久又渐渐释怀。一个人一生如果能有一首诗流传下去便不虚此生。一个朝代绝大多数的诗都会渐渐消失。但这些并不妨碍诗人们前赴后继地写诗，甚至写些烂诗。因为诗人写诗不仅仅是为了能有朝一日写出好诗，更是为了能让诗点亮灰暗的日子。活着不能只是为了写诗，但写诗却一定是为了更好地活着！

2018-8-12

41. 诗的机器化：

有一次贝贝要给我看一首诗。我问谁写的。他说你看看再说。我一看就笑了。我略带玩笑地说，这不是就是你写的吗！贝贝有让电脑帮他照片配诗的本领。贝贝不作声，算是默认了。我何以能火眼金睛？机器写诗不过是利用大数据拼贴意象而成，没有情感逻辑可言，更无思想核心！这样的诗乍一看，表达灵动，意象奇谲，可就是让人摸不着头脑。机器无辜，诗歌不幸。可是一些诗人也写出了机器人写的诗，着实让人看着更心痛。

2018-8-14

42. 垃圾诗：

当我们说及垃圾诗时，我们究竟指什么？如果指的是那些格调低俗甚至恶俗的诗，还可以理解。如果把那些写的不好的诗，那些不像诗的诗，都称作垃圾诗，可能并不妥当。即便大诗人写出的诗，也并非每首精彩，否则就没有败笔一说了。文学史上绝大多数的诗质量平平，但你不能说这些平庸的诗都是垃圾。一个人一辈子写的绝大多数诗也都是平庸之作，你也不能说这个人白写了。写诗本身往往比写出来的诗更重要。一个人如果一辈子都在写诗，不管其诗写的如何平庸，都会令人羡慕不已。我们真正要警惕的是那些金玉其外败絮其中的垃圾诗人。垃圾诗再垃圾，也比不上垃圾诗人的危害性大。

2018-9-26

43. 警惕风花雪月：

新诗开端处口语诗随处可见，白话文文言文纠结在一起也是常态。可是渐渐地口语诗似乎越来越不被看好。中国诗人向来骨子里有种风花雪月的文人趣味，对那些下里巴人的口语化的浅俗的诗不屑一顾。在古代，打油诗可视为一种形态，不合格律规范随性表达。在当代，口水诗也备受挞伐。我们批评时总是倾向用帽子扣人。这可能是一种批评策略，但批评者也该保留清醒的反思意识，别太小看被批评者，也别太把自己当回事。

五十步笑百步，已司空见惯。新诗发展了一百年，至今最高水平可能还停留在西南联大走出来的那批诗人那里。新诗走向何方？表达形式问题已无关痛痒，因为好诗存在于任何形式中。新诗整体水平的提高一定是思想水平的提高！是该告别千篇一律的风花雪月的趣味主义，进而转向生活世界所引发的更深层次的存在之痛的时候了！

2018-10-6

44. 新诗有必要精致化：

新诗解放了旧体诗词的格律，获得了最大限度的表现自由，但却又可能让新诗变得粗糙不堪。很多新诗不过是分行写的短文而已。起点低、出手快、易传播让新诗在当今网络时代每天都海量增长，可是绝大部分都不精致。新诗的尊严理当重新塑造。真正的诗人有必要对自己发难，让诗形式更精致思想更厚重。伟大的诗人从来都自觉戴着镣铐跳舞，其中形式尤其重要。“正如无声的呼息必定要流过狭隘的箫管才能够奏出和谐的音乐，空灵的诗思亦只有凭附在最完美最坚固的形体才能达到最大的丰满和最高的强烈”（梁宗岱《新诗底纷岐路口》）新诗精致化不仅是用最少的字表达最丰富的思想，还是表达本身的精心打磨，力争“语不惊人死不休”。

2018-12-17

45. 诗不远人：

诗歌泛滥的时代最应保持清醒宽容的诗心。我们没有权力歧视任何认真写诗的人。诗属于任何热爱诗的人。我们也没有权力以为自己就是标准。自由的诗歌嘲笑任何标准。“大俗即大雅”，落实到诗歌领域会如何呢？故作高雅乃媚俗，俗到真淳即为雅。诗其实是写给自己看的，真正懂你的人其实就是另一个自己。只有不懂你的人才会乱弹琵琶。

2018－12－25

后 记

这是我既《潜行大地》（见《整体诗学》第二部分）之后的第二本诗集，收录了2016.9-2018.12创作的诗歌。在这段时期有两件事深深影响了我，也影响到我的诗歌创作。

一是从2017年开始，我打算按照二十四节气的指引生活一年。起因是2017年元旦我写了一首诗《植物生活》。随着年龄的增长，我越来越有一种愿望，希望过一种内心宁静却又能通达世界的生活。而植物便是我内心的一个象征意象。写完这首诗后，不久我忽发奇想，像植物一样紧紧跟随大自然的二十四节气过一年是什么感受呢？而且我还要求自己每一个节气都要写一首诗把自己的感受记录下来。说易做难！身处都市整天在冷冰冰的“钢筋森林”里生活，我如何能做到跟随节气生活？每到一个节气，我先上网搜集关于这个节气的方方面面的知识以及以往文人墨客是如何书写这一节气的。然后用心利用一切机会观察身边的环境和物候，回忆自己生命中所有与之相关的经验。

令人欣慰的是，每个节气我都成功地写出了一首诗。写诗不是目的，主要是用诗来固定一种生活方式，一种按照大自然节气生活的方式。通过一整年的实践，我深深地体验到二十四节气的美妙。二十四节气真可谓是中华民族的一大瑰宝，不仅是季节（物候）的变化更替，也是工农业生产（人事）甚至是各种社会风俗的时刻表，天地人三才者，在二十四节气之中是如此完美地统一在一起，令人叹为神奇！

另外一件事是2017.9.15-2018.1.15，我到台东大学儿童文学研究所访学整整四个月。一开始，感觉非常好，台东依山傍海，风景优美，儿文所老师的课也让我大开眼界。可是大概只享受了一个半月的美好生活。可能是长期没有一个人生活过，可能是饮食起居不适应，加上晚上空调轰隆，睡眠质量极差，忽然有一天，大脑好像出了故障似的不听指挥，而且总有强迫意象。我住的地方是六楼“人烟稀少”，基本上是我一个人来来去去，所以就越来越感到恐慌。在这种情况下，我甚至都想打退堂鼓，中途结束访学回大陆。我也想着找宿管调换一下宿舍。但转念一想，这些不符合我的做事风格。当时最能让我安定下来的想法是，我希望能亲身体验一下自己的心理承受能力，甚至自认为这也是写诗的人更应面对的生命体验。于是，我每天都把时间安排的井井有条，除了上课我就去图书馆查找资料，周末就去市里到处走走。最难过的是夜晚。我每天傍晚一放学就去跑步，一直跑到天黑。跑步既是锻炼身体素质，也是锻炼思想意志。我从图书馆不断借来经典的电影和音乐光碟，每晚吃完饭回宿舍都会听音乐看电影，睡前坚持写日记，日子也就慢慢熬了过来。在这段我将之称为“心理测验”的时期，由于睡眠不好，思虑过多，大脑有些神经衰弱的症状，但我忽然发现自己对存在的体验更加深入了。在孤苦无依的时候，如何面对自我，如果抵制心魔，这是值得每一位现代人关注的问题。也许很多人会觉得我有些“矫情”。我也觉得有些出乎意料。但它就是发生了。就我个人而言，这段心路历程非常宝贵。这本诗集大概有三分之一的诗都可作为那段时光的见证。这些诗是最真切的心灵感悟，也是自我超脱的一个个台阶。

最后，我还要感谢自己多年来所从事的“生活诗学”的研究，在最无助的日子里，我就用“生活诗学”的核心理念（珍爱生命-积极生活-感悟存在）作为号角，鼓舞自己，勇敢走向一个个明天。生活就是选择，生活就是试验，而所有的选择和试验最终都是为了一种更加人道，也更符合天道的生活！这就是这本《植物生活》所给予我的最大恩赐！

张公善

2018. 12. 29于芜湖长江之滨